Wolfgang Ratgeber

Millionär
durch das kleine
Einmaleins der Börse
und die drei besten Aktien-Strategien

Bibliografische Information der Deutschen Bibliothek: Die Deutsche Bibliothek verzeichnet diese Publikation in der Deutschen Nationalbibliografie; detaillierte bibliografische Daten sind im Internet über http://dnb.ddb.de abrufbar.

© 2007 Wolfgang Ratgeber
Herstellung und Verlag: Books on Demand GmbH Norderstedt
ISBN 978-3-8334-7019-6
Umschlagbild: Skulptur des Bildhauers Dachlauer vor der Börse in Frankfurt.
Foto: Wolfgang Ratgeber

Inhalt

FSC
www.fsc.org
MIX
Papier aus ver-
antwortungsvollen
Quellen
Paper from
responsible sources
FSC® C105338

Ein weit verbreitetes Vorurteil: Für den Erfolg an der Börse benötigt man umfangreiche betriebs- und volkswirtschaftliche Kenntnisse sowie einen erheblichen Arbeits- und Zeitaufwand. Deshalb verzichtet ein Teil der Anleger auf Aktien, obwohl diese langfristig den größten Gewinn erbringen.

Die Wirklichkeit sieht erfreulicherweise anders aus: Für den Börsenerfolg sind nur zwei Voraussetzungen notwendig:

Einige Grundkenntnisse — gewissermaßen das kleine Einmaleins der Börse — und die Kenntnis der drei besten Aktienstrategien, welche von den erfolgreichsten Börsenspekulanten entwickelt wurden.

Die Leserinnen und Leser erfahren durch diesen Ratgeber, wie sie ohne Arbeits- und Zeitaufwand mit Hilfe der drei besten Aktienstrategien ein grosses Vermögen erwerben können.

Die besten Börsenspekulanten

Liebe Laura,
in deinem Brief hast du mich gefragt, welche Argumente für die Börse sprechen. Ich übernehme zunächst die Rolle des Advocatus diaboli und sage, was gegen sie spricht:
Die Börse, welche ihren Namen einem nach der Patrizierfamilie 'van der Beurse' benannten Platz in Brügge verdankt, auf dem Händler aus ganz Europa ihre Waren tauschten, hat in allen Sprachen einen weiblichen Artikel. Sie ist eine sehr kapriziöse Dame, launisch und völlig unberechenbar, manchmal himmelhoch jauchzend, in der Börsensprache die 'Hausse', dann wieder zu Tode betrübt, in der Börsensprache die 'Baisse', rasch verschnupft durch politische Ereignisse, auch wenn diese auf der anderen Seite des Erdballs geschehen, immer neugierig auf positive und negative Gerüchte der Börsenkulisse, die sie mit steigenden und sinkenden Kursen quittiert.
Solltest du dich entschließen, mit dieser von mir wenig schmeichelhaft dargestellten Dame ins Geschäft zu kommen, hast du als Frau einen Bonus: Die Statistik zeigt, dass Frauen an der Börse im Durchschnitt mehr Erfolg als Männer haben, da sie sicherheitsorientierte Anlagestrategien bevorzugen, während Männer eher zu risikoreichen Spekulationen tendieren.

Anstatt dich nun mit einer Abhandlung über die Mechanismen der Börsenspekulation zu langweilen, erzähle ich dir lieber die Erfolgsstory der zwei besten Börsenspekulanten:

Benjamin Graham wurde 1894 als Benjamin Großbaum in London geboren. Seine Familie wanderte nach New York aus und änderte während des ersten Weltkriegs ihren Namen in Graham. Als 20-jähriger begann Benjamin seine Laufbahn an der Wall Street. Für 12 Dollar pro Woche schrieb er die Aktienkurse auf eine Tafel. Als 25-jähriger hatte er bereits ein Jahreseinkommen von 600 000 Dollar. 1934 schrieb er seinen Bestseller 'Wertpapieranalyse', in dem er die von ihm entwickelte 'Valuestrategie' erklärte. Unter Berücksichtigung dieser Strategie investierte er 1948 ein Viertel seines Vermögens in die Versicherungsfirma Geico. Mit dieser Investition machte er in den folgenden acht Jahren einen Gewinn von 1635 % ! Während 30 Jahren erzielte er mit der 'Valuestrategie' einen durchschnittlichen Jahresgewinn von 17 %. Aus 10 000 Dollar wurden 1 110 000 Dollar. Aufgrund einer Langzeitstudie über die Kursentwicklung des Dow-Jones-Index in den letzten 50 Jahren bewies er: Seine 'Valuestrategie' hätte im Vergleich zu diesem Index den doppelten Gewinn erbracht. Von 1928 bis 1957 hielt er an der Columbia Universität Vorlesungen. Es gab nur einen Schüler, dem er im Verlauf der 29-jährigen Lehrtätigkeit die Bestnote

A + erteilte: Warren Buffett. Dieser machte bereits als kleiner Junge seine ersten Gewinne: Er sammelte vom Platz abgekommene Golfbälle und verkaufte sie an die Golfspieler zurück. Im Alter von 11 Jahren kaufte er die ersten drei Aktien. Ab 1954 arbeitete er in der von seinem Lehrer Graham gegründeten Brokerfirma.

Als sich Graham ins Privatleben zurückzog, sammelte Buffett bei seinen Verwandten 105 000 Dollar und gründete einen privaten Anlagepool, in den er selbst den symbolischen Betrag von 100 Dollar einzahlte. Dieser Pool erreichte von 1956 bis 1969 eine durchschnittliche Jahresrendite von 29,5 %; aus 10 000 Dollar wurden 150 000 Dollar. Mit Hilfe der von seinem Lehrer Graham übernommenen 'Valuestrategie' machte Buffett die ihm vertrauenden Investoren zu Multimillionären. 1998 besaß jeder, der ihm 1956 10 000 Dollar anvertraut hatte, die stattliche Summe von 150 Millionen Dollar! Warren Buffet hat mit Aktienspekulationen ein Vermögen von etwa 36 Milliarden Dollar erworben. Die Aktien seiner Kapitalanlagegesellschaft 'Berkshire Hathaway' sind mit einem Preis von derzeit 100 000 Dollar pro Aktie die teuersten Aktien der Welt. Sein einziges Arbeitsgerät ist das Telefon. Er besitzt keinen PC, da er an den Echtzeitkursen der Aktien und den aktuellen Kursverläufen keinerlei Interesse hat:

"Ich könnte auch irgendwo sein, wo die Post mit

drei Wochen Verspätung eintrifft und wunderbar investieren.”

Im Gegensatz zu anderen berühmten Spekulanten macht Buffett aus seinen Aktienkäufen kein Geheimnis. Sie werden publiziert und von ihm kommentiert. Dadurch ist er in Amerika zum Guru für Millionen Kleinanleger geworden, die jede seiner Kaufentscheidungen nachvollziehen, was sich natürlich positiv auf den Kurs der von ihm empfohlenen Aktien auswirkt. Von den Wall Street Profis hat er keine hohe Meinung:

“Wall Street ist der einzige Ort, wo Leute im Rolls - Royce vorfahren, um Rat von Leuten einzuholen, die U-Bahn fahren.”

Obwohl er mit einem Privatvermögen von 42 Milliarden Dollar nach dem Microsoftgründer Bill Gates die zweitreichste Person der Welt ist, lebt er in der Stadt Omaha immer noch im gleichen Haus, das er 1958 für 31 000 Dollar erwarb. Als sparsamer Milliardär kaufte er sein Privatflugzeug zum Schnäppchenpreis vom Flugzeugfriedhof. Dennoch bezeichnete er die Kosten für dieses Flugzeug als eine “unentschuldbare” Ausgabe. Er fährt einen Mittelklassewagen und gönnt sich nur einmal wöchentlich ein gutes Essen im Steakhaus.

In einem Interview mit dem US Magazin ’Fortune’ gab er am 25. Juni 2006 bekannt, dass er 85 % seines Vermögens für wohltätige Organisationen und die medizinische Forschung spenden wird: Dreißig

Milliarden davon für die Stiftung seines Freundes Bill Gates.

Warum habe ich dir diese Erfolgsstory erzählt? Sie verdeutlicht besser als ein Börsenseminar: Die effektivste Methode der Börsenspekulation besteht darin, mit Geduld eine gute Anlagestrategie – in diesem Fall die 'Valuestrategie' – zu verfolgen.

Das negative Bild, welches ich von der Börse entworfen habe, muss ich nun korrigieren. Sie ist nicht nur eine wankelmütige Dame, sondern auch, wie die Lebensgeschichte von Warren Buffet beweist, eine große Wohltäterin. Die mit ihrer Hilfe verdiente Rekordsumme von 36 Milliarden Dollar wird in den nächsten Jahren für wohltätige Zwecke und die medizinische Forschung beziehungsweise Therapie, zum Beispiel die Aidsbehandlung, eingesetzt.

Falls dieser Brief in dir den Wunsch geweckt hat, auf den Spuren von Warren Buffett ebenfalls eine wohltätige Millionärin zu werden, bin ich gern bereit, dir in einem weiteren Brief nähere Informationen über die 'Valuestrategie' zu geben. Um dir bewusst zu machen, dass du dich als Spekulantin keineswegs in einer anrüchigen sondern der besten Gesellschaft befindest, stelle ich dir zum Schluss einige prominente Spekulanten vor:

Der römische Philosoph Cicero, welcher durch Grundstücks- und Immobilienspekulationen ein beträchtliches Vermögen erwarb, gelangte zu zwei

Erkenntnissen, die bis heute ihre Gültigkeit bewahrt haben: Das Geld ist die Basis der Republik und die Spekulation das Sprungbrett zu einem großen Vermögen.

Der französische Schriftsteller Voltaire, ein leidenschaftlicher Spekulant, ließ durch Strohmänner alle Lose der französischen Staatslotterie aufkaufen, da er ausgerechnet hatte, dass die Summe der Lotteriegewinne erheblich größer war als der Gesamtpreis für den Kauf aller Lose. Er wurde durch diesen Coup sehr reich, der Lotteriedirektor jedoch fristlos entlassen.

Weitere berühmte Spekulanten waren zum Beispiel der Maler Gauguin, die Schriftsteller Balzac und Beaumarchais sowie der englische Nationalökonom Lord Keynes, unter dessen Portrait die britische Regierung folgenden Text schreiben ließ:

'John Maynard Lord Keynes, dem es gelungen ist, sich ohne Arbeit ein Vermögen zu schaffen.'

In den nächsten vier Wochen kannst du mich nicht erreichen, da ich eine Rundreise durch Kalifornien mache.

Lieber Wolfgang,
während deiner Kalifornienreise habe ich mich durch Bücher über Börsengeschäfte informiert. Dabei wurde mir klar: die Börse ist nicht nur jene wohltätige Dame, welche du mir vorgestellt hast. Sie hat zwei Gesichter: ein freundliches, das sie Graham und Buffett gezeigt hat, und ein unfreundliches, mit dem zahlreiche Börsianer konfrontiert wurden. Einer davon schrieb:

'An der Börse kann man ein kleines Vermögen machen, indem man ein großes Vermögen investiert.'

Die Börse hat sich immer wieder als gigantische Geldvernichtungsmaschine erwiesen. 1929 kam es an der Wall Street zum größten Börsenkrach der Geschichte, welcher eine weltweite Wirtschaftskrise und langjährige Rezession bewirkte.

Dem Börsenkrach ging in den 'goldenen Zwanzigerjahren' ein noch nie erlebter Börsenboom voraus. Alle Bevölkerungsschichten wurden vom Spekulationsfieber angesteckt. Heiße Aktientipps waren noch gefragter als der durch die Prohibition verbotene Alkohol. Chauffeure hörten nur mit einem Ohr auf den Verkehr, mit dem anderen versuchten sie einen Börsentipp ihrer Fahrgäste aufzuschnappen. Der Kammerdiener eines Maklers verdiente eine viertel Million mit dem Tipp seines Herrn. Einer Krankenschwester bescherte der Tipp eines dankbaren Patienten 30 000 Dollar. Frauen trieben ihre Männer zur Eile an, damit sie beim Rennen um den Reichtum nicht zu spät kamen. Eine Schauspielerin schmückte ihre Wohnung mit den grafischen Darstellungen steigender Aktienkurse. General Electric stieg in einem Jahr um 300 %, Radio Corporation um 400 %. Die Börsenkurse erschienen in den Zeitungen an erster Stelle. J. Raskob, Direktor von General Motors, schrieb im 'Ladies Home Journal':

'... Da sich das Einkommen tatsächlich auf diese Weise vermehren lässt, glaube ich fest, dass nicht nur jeder reich werden kann sondern dass jeder dazu verpflichtet ist!'

God's own country war von dem Wahn erfasst, dass die Abschaffung der Armut unmittelbar bevorsteht und danach ein neues Zeitalter des 'ewigen Wohlstands' beginnt.

Die ganze Dramatik des Börsenkrachs, der vom 24. Oktober 1929, dem so genannten 'Schwarzen Freitag', seinen Namen erhielt, wird durch den Kursverlauf des Dow-Jones-Index deutlich: Bei der ersten Notierung im Jahr 1896 hat der Index 41 Punkte. Bis 1927 steigt er auf 100 Punkte. Durch eine überhitzte, teilweise mit Bankkrediten finanzierte Börsenspekulation vervierfacht sich der Index innerhalb von 2 Jahren und erreicht im September

1929 den Rekordhöchststand von 381 Punkten.
Die sich in diesem Höchststand ausdrückenden,
Schwindel erregenden Aktienkurse liegen weit über
dem wirklichen Wert der Unternehmen. Irving
Fisher, Professor an der Yale University, erwirbt
eine traurige Berühmtheit, indem er am 16. Oktober erklärt:
"Es sieht so aus, als ob die Aktien ein dauerhaftes
Hochplateau erreicht haben."
Innerhalb der nächsten drei Tage kommt es zu
einem Absturz der Aktienkurse von diesem Hochplateau verbunden mit einem Wertverlust des
Dow-Jones-Index um 15 %. Am 23. Oktober fällt
der Index auf 300 Punkte. Am folgenden Tag, dem
'Schwarzen Freitag' sinkt der Gesamtwert aller an
der Wall Street notierten Unternehmen um 11 Milliarden Dollar. Am Montag fällt der Index auf 260
Punkte. Am Dienstag verliert er weitere 12 % und
ist damit bereits 39 % unter den Höchststand im
September gefallen. Am 15. November sinkt er auf
180 Punkte und im Sommer 1932, nach einem Gesamtverlust von 89 % auf jene 41 Punkte, die er am
ersten Tag seiner Notierung besaß.
Die Aktienkurse der großen amerikanischen Firmen stürzen in den Abgrund: General Motors von
73 auf 8, Radio Corporation von 115 auf 3 ½,
General Electric von 220 auf 20, Chrysler von 135
auf 5, US Steel von 262 auf 22.
In der amerikanischen Statistik spiegelt sich der

Börsencrash folgendermaßen: über 123 000 erfolgreiche Spekulanten, die einen Luxuswagen besaßen, mussten auf die U-Bahn umsteigen. Die Münze prägte für diese und weitere neue U-Bahnkunden fast 12 Millionen 5-Centstücke. Über 9000 Banken erklärten als Folge des Börsenkrachs ihren Konkurs. Die amerikanische Legende vom Tellerwäscher, der zum Millionär aufsteigt, spielte sich immer häufiger in umgekehrter Richtung ab. Millionen Aktionäre in Amerika und Europa wurden bettelarm, hatten jedoch größte Schwierigkeiten, noch Reiche zu finden, bei denen sie betteln konnten.

Die steigende Zahl von Selbstmorden inspirierte den amerikanischen Komiker Will Rogers, der rechtzeitig vor dem Crash alle Aktien verkauft hatte, zu dem Gag:

"In New York hat sich die Lage dahingehend entwickelt, dass der Hotelportier neu ankommende Gäste fragt:

'Wollen Sie einen Raum zum schlafen oder zum aus dem Fenster springen?"

Da ich als Vertreterin des sicherheitsorientierten Geschlechts viel Wert darauf lege, gut zu schlafen, wirst du verstehen, dass ich mich nicht entschliessen kann, in den überwiegend aus risikofreudigen Männern bestehenden Club der Aktionäre einzutreten.

Das Sicherheitsnetz des klugen Spekulanten

Liebe Laura,
dein Brief, den ich nach meiner Rückkehr von Kalifornien vorfand, soll unverzüglich beantwortet werden.
Ich kann verstehen, dass der Absturz des Dow-Jones-Index zwischen 1929 und 1932 auf den Ausgangswert von 1896 dein Vertrauen in die Börse erschüttert hat. Die weitere Entwicklung des Dow-Jones-Index ist jedoch eine Erfolgsstory:
1954 erreicht er wieder den Stand von 1929. Im Jahr 1972 durchbricht er die Schallmauer von 1000 Punkten, klettert im Januar 1987 über 2000 Punkte, überspringt 1992 die Hürde von 3000 Punkten und steigt danach bis 2007 auf über 12 000 Punkte. Die Langzeitbetrachtung zeigt also einen steilen Anstieg des Index, obwohl dieser immer wieder durch Börsencrashs unterbrochen wurde. Börsenboom und Börsencrash sind zwei Seiten derselben Medaille. Börsenaltmeister Kostolany:
 'Kein Börsenkrach, kein Knall, dem nicht ein Boom vorausgegangen wäre und kein Boom, der nicht mit einem Börsenkrach endet.'
Von einem Börsianer stammt der Ausspruch:
 "Vor dem Crash wird nicht geklingelt."
Es gibt jedoch ein Alarmzeichen vor dem Börsencrash: die so genannte 'Hausfrauen - Hausse'.

Damit ist gemeint, dass Leute ohne die geringste Ahnung von Aktien in die Börsenspekulation einsteigen. Der amerikanische Milliardär John Rockefeller hatte offensichtlich ein feines Gespür für dieses Warnzeichen. Er verkaufte wenige Wochen vor dem 'Schwarzen Freitag' alle Aktien, da ihm ein Schuhputzer mehrere Aktientipps gegeben hatte.

Aufgrund der Erfahrung des 'Schwarzen Freitag' stellten die Börsen eine neue Regel auf, um eine lawinenartige Verkaufswelle, die 1929 alle Aktienkurse in den Abgrund riss, zu verhindern: Bei extremen Kursverlusten wird der Handel an den Börsen ausgesetzt. Dieser Strategie ist es zu verdanken, dass keiner der späteren Börsencrashs mehr dieselben verheerenden Folgen hatte wie der 'Schwarze Freitag'.

Nach dem Börsenkrach von 1987 bewiesen die Frankfurter Börsianer durch das folgende Gedicht, dass sie trotz heftiger Kursverluste ihren Humor nicht verloren hatten:

> Meine Finanzen sind zerrüttet.
> An der Börse hat's gekracht.
> Da hab ich aus meinen Aktien
> den Kindern Drachen gemacht.
> Ich zog mit ihnen zu Felde,
> wo sanft die Lüfte wehen.
> Dort konnt ich meine Aktien
> noch einmal steigen sehen.

Vielleicht kann ich dein verlorenes Vertrauen in die

Börse zurückgewinnen, indem ich dir das DAX Rendite Dreieck des Deutschen Aktien Instituts (DAI) vorstelle. Dieses Dreieck zeigt die jährlichen Durchschnittsrenditen, die ein dem DAX nachgebildetes Wertpapierdepot erwirtschaftet hätte, wenn es in einem beliebigen Jahr zwischen 1983 und 2006 gekauft und in einem beliebigen späteren Jahr verkauft worden wäre. Das Rendite Dreieck belegt: Bei großem Zeitabstand zwischen Kauf und Verkauf haben die DAX Aktien stets einen Gewinn erbracht, beispielsweise von 1983 bis 2006 eine durchschnittliche Jahresrendite von 10,7 %. Nur bei kurzen Abständen zwischen Kauf und Verkauf kam es zu Verlusten, beispielsweise zwischen 2002 und 2004 zu einem durchschnittlichen Jahresverlust von 6,2 %.

Das Dreieck besteht aus 300 Feldern. Gewinne sind als blaue Felder, Verluste als rote Felder und Renditen um 0 % als weiße Felder dargestellt. Bei 87 % der Felder handelt es sich um blaue Gewinnfelder, nur bei 10 % um rote Verlustfelder. Ich hoffe, dass du aufgrund der wenigen roten Verlustfelder in Zukunft weniger rot siehst, wenn du das Wort 'Aktien' hörst.

Man kann den Aktienspekulanten mit einem Seiltänzer vergleichen. Wenn dieser abstürzt, wird sein Leben durch das Sicherheitsnetz gerettet. Wenn die Aktienkurse abstürzen, wird das Vermögen des Spekulanten größtenteils gerettet, wenn dieser klug genug war, ein Sicherheitsnetz aufzuspannen. Börsenaltmeister Kostolany vertritt die Ansicht: Ein Börsianer, der nicht mindestens zweimal während seiner Karriere Bankrott macht, ist kein echter Spekulant. Aus meiner Sicht ist er ein schlechter Spekulant. Den guten Spekulanten erkennt man daran, dass er sich durch ein Sicherheitsnetz schützt. Dieses Sicherheitsnetz besteht aus den folgenden 7 goldenen Regeln:

1. Lege nur einen Teil deines Vermögens in Aktien an. Der Anteil am Wertpapierdepot berechnet sich nach der Formel: Aktienanteil in % = 100 minus Lebensalter.

Ein 25-jähriger sollte also höchstens 75% in Aktien anlegen; bei einem 75-jährigen darf der Aktienanteil nur noch 25% betragen.

2. Kaufe Aktien nur mit Geld, das du über einen längeren Zeitraum nicht benötigst. Denn wenn man das in Aktien investierte Geld kurze Zeit später dringend braucht, muss man die Aktien eventuell unter dem Kaufkurs mit Verlust abgeben.

3. Investiere dein Kapital in eine größere Zahl verschiedener Aktien aus verschiedenen Branchen. Im Fall des Kursabsturzes einer Aktie (Branche) wird der Verlust durch die übrigen Aktien (Branchen) vermindert.

4. Lege deine Aktiengewinne in sicheren Wertpapieren an. Wenn die Gewinne wieder in Aktien investiert werden, geht im Fall eines Börsencrashs

der größte Teil aller bisher erzielten Gewinne verloren. Wurden die Gewinne jedoch in sichere Anlagen umgeschichtet, bleiben sie erhalten. Da es dem Anleger erfahrungsgemäß sehr schwer fällt, Aktiengewinne in niedrig verzinste Wertpapiere umzuschichten, bewahrheitet sich hier der Spruch: 'Geld zu machen ist nicht schwer, Geld behalten aber sehr.'

5. Realisiere die erzielten Aktiengewinne. Man sollte stets daran denken: Die Börse ist keine Einbahnstraße. Buchgewinne auf dem Papier sind nur geliehenes Geld, das beim nächsten Kursverlust zurückgezahlt werden muss. Wurde ein Gewinn jedoch durch den Teilverkauf mehrerer Aktien realisiert und in sichere Wertpapiere umgeschichtet, bleibt er dem Anleger erhalten. Wenn der Kurs nach dem Teilverkauf weiter steigt, kann sich der Anleger freuen, da die im Depot verbliebenen Aktien weiter steigen. Wenn der Kurs nach dem Teilverkauf sinkt, kann er zufrieden sein, rechtzeitig seinen Gewinn auf die sichere Seite gebracht zu haben.

6. Kaufe niemals Aktien mit Hilfe von Bankkrediten. Bei einem Börsencrash können die Kredite nicht zurückgezahlt werden. Die Kreditzinsforderungen bestehen jedoch weiter. Der Anleger sitzt in der Schuldenfalle.

7. Halte deine Verluste klein, indem du die Aktie im Fall eines Kursverlustes so rasch wie möglich

verkaufst. Eine bewährte Börsenregel lautet: Kursgewinne laufen lassen, Kursverluste klein halten. Zum Ausgleich eines Verlustes von 50 % ist eine Kurssteigerung von 100 % notwendig!

Empfehlenswert ist es, den Erlös aus dem Verkauf der Verlustaktie in eine Aktie mit guter Kursentwicklung umzuschichten, damit der Verlust baldmöglichst durch den Gewinn der zweiten Aktie ausgeglichen wird.

Um mein 'Börsenseminar' etwas aufzulockern, erzähle ich dir abschließend einige Anekdoten:

Frau Pollak von Parnegg, die Gattin eines geadelten Wiener Textilindustriellen, war aufgrund ihrer Stilblüten in ganz Österreich berühmt:

Sie schickt ihrem Sohn ein Telegramm:

'Morgen Abend Musiksoirée. Bitte kommen.'

Der Sohn telegrafiert:

'Nicht möglich, liege mit Angina im Bett.'

Antworttelegramm von Baronin Pollak:

'Gib ihr 100 Kronen und schmeiß sie raus.'

Während der Musiksoirée bewundert ein Baron den wertvollen Steinway - Flügel und fragt Frau Pollak:

"Spielen Sie vierhändig auf ihm?"

Die Gastgeberin, beleidigt:

"Ich bin doch kein Affe."

In diesem Moment wendet sich der Pianist an die Baronin:

"Soll ich die Beethoven-Sonate a Moll oder c Moll spielen?"

"Spielen Sie zunächst a mol. Wenn es den Gästen
gut gefällt, können sie gern zeh mol spielen."
Nach dem Konzert geht Frau Pollak strahlend auf
den Pianisten zu und sagt:

"Ich habe schon Anton Rubinstein gehört …"
Der Pianist verbeugt sich geschmeichelt.

"Ich habe auch schon den Magier Franz Liszt
gehört …"
Der Pianist verbeugt sich noch tiefer. Frau Pollak
beendet ihren Satz:

"… geschwitzt wie *Sie* hat keiner."
Danach sagt sie zur Fürstin von Esterházy:

"Bei meiner nächsten Soirée möchte ich den Gästen etwas ganz Besonderes bieten. Können Sie mir
einen Tipp geben, Durchlaucht?"

"Ich sage nur ein Wort: Roséquartett. Ihre Gäste
werden begeistert sein."
Zwei Monate später begegnen sich die beiden im
Burgtheater. Frau Pollak zur Fürstin:

"Eigenartiger Mensch, dieser Herr Roséquartett.
Obwohl ich ihn allein engagiert habe, hat er sich
gleich noch drei andere mitgebracht."
Ich bringe diesen Brief sofort zur Post. Danach
spiele ich eine Sonate von Franz Schubert auf meinem Steinway-Flügel. Der Musik verdanke ich eine
wichtige Erkenntnis über die Börse:
Ebenso wie der Erfolg eines Klavierstücks von
wenigen Tönen der Melodie abhängt, basiert auch
der Börsenerfolg auf wenigen Grundkenntnissen.

Liebe Anne,

vielen Dank für den von deiner Cousine Laura angekündigten Brief, in dem du mich bittest, dich in die Welt der Börse einzuführen. Ich verstehe, dass du versuchen willst, deinen alten Traum einer Australienreise, der mit dem Gehalt nicht realisierbar ist, mit Aktiengewinnen zu verwirklichen. Bevor du an der Börse das große Geld verdienen kannst, musst du zuerst das kleine Einmaleins der Börse lernen.

Du schreibst: 'Ich habe keine Ahnung von Aktien.' Nach einer Umfrage befindet sich die Hälfte aller Deutschen in diesem Tal der Ahnungslosen. Deshalb ist die Quote der Aktionäre in Deutschland mit 15 % sehr niedrig und von den rund 4000 Milliarden €, welche die deutschen Sparweltmeister auf die hohe Kante gelegt haben, wurden nur 6,6 % in Aktien angelegt. Dabei erzielen Aktien langfristig mehr Gewinn als alle anderen Kapitalanlagen. Die durchschnittliche Rendite der Aktien lag in den letzten 50 Jahren 2 % über der durchschnittlichen Rendite von festverzinslichen Wertpapieren. Bei einem kurzfristigen Anlagezeitraum hat dieser Zinsunterschied nur eine geringe Auswirkung auf die erzielbaren Endbeträge. Langfristig jedoch ist aufgrund des Zinseszinseffekts der Unterschied sehr groß. Der Endbetrag einer Anlage mit 9 %

Rendite übertrifft den Endbetrag einer Anlage mit 7 % Rendite in 10 Jahren um 40 %, in 20 Jahren um 173 % und in 30 Jahren um 565 %.

Eine deutsche Bank berechnete für den Zeitraum 1949 bis 1993, dass sich eine DM auf 183 DM vermehrte, wenn sie in Aktien angelegt wurde, aber nur auf 12 DM bei einer Anlage in festverzinslichen Wertpapieren. Berücksichtigt man die Rendite der letzten 20 Jahre, lassen sich jene 85 % der deutschen Sparer, die keine Aktien besitzen, im Jahr 2006 Gewinne in Höhe von 27 Milliarden Euro entgehen (siehe BÖRSE ONLINE, Nr. 41, 2006, S. 20). Die Börse ist ein wichtiger Motor der Wirtschaft und der Ort, an dem sich Geldgeber (die Aktionäre) und Geldempfänger (die Unternehmer) treffen. Diese erhöhen ihr Kapital durch die Umwandlung des Unternehmens in eine Aktiengesellschaft; die Aktionäre können von den Gewinnausschüttungen der Unternehmen und den steigenden Aktienkursen profitieren.

Durch den Kauf einer Aktie wird der Anleger Miteigentümer des Unternehmens. In dieser Eigenschaft ist er bei einer guten Entwicklung der Firma an ihrem Gewinn beteiligt, bei einer schlechten Entwicklung auch am Verlust.

Ein 'Aktienindex' wird aus einer größeren Zahl von Aktien gebildet Die 30 größten deutschen Aktiengesellschaften bilden zusammen den Deutschen Aktienindex (Abkürzung DAX); die 30 größten amerikanischen Gesellschaften den Dow-Jones - Index.

Ein 'Indexzertifikat' ist eine Beteiligung an allen Aktien eines Index. Das DAX Indexzertifikat ist also eine Beteiligung an allen 30 Aktien des DAX Index. Der Kurswert des DAX Indexzertifikats ergibt sich aus den Kursen der 30 DAX Aktien. Ein Vorteil des Indexzertifikats ist die Verminderung des Kursrisikos durch die Beteiligung an einer großen Aktienzahl.

Wenn eine Kapitalanlagegesellschaft die von ihren Kunden eingezahlten Gelder in einen Fonds investiert, entsteht ein Investmentfonds, bei Investition in Aktien ein Aktienfonds, bei Investition in festverzinsliche Wertpapiere ein Rentenfonds und bei Investition in Immobilien ein Immobilienfonds.

Der Aktienkauf kann über die Hausbank oder eine Direktbank erfolgen. Letztere berechnet niedrigere Gebühren, bietet jedoch weniger Beratung an.

Beim Kauf gibt man entweder den Auftrag, "billigst" zu kaufen oder man nennt ein Limit d.h. den Kurs, welchen man maximal bezahlen möchte. Beim Verkauf gibt man entweder den Auftrag, "bestens" d.h. zum höchstmöglichen Preis zu verkaufen oder man setzt ein Limit d.h. man nennt den Kurs, welchen man mindestens erhalten möchte.

Der Auftrag ist entweder nur am Tag der Auftragserteilung gültig ("tagesgültig"), oder er soll bis zum

Monatsende gelten ("gültig bis ultimo").

Beim Aufbau eines Aktienpakets gibt es zwei Möglichkeiten. Man kann jeden Monat eine gleich große Zahl von Wertpapieren kaufen oder man kann jeden Monat einen gleich großen Geldbetrag für den Kauf von Wertpapieren ausgeben. Ich empfehle dir die zweite Vorgehensweise: Wenn du monatlich einen gleich großen Betrag für Aktien ausgibst, werden im Fall steigender Kurse weniger Aktien pro Monat gekauft, im Fall sinkender Kurse jedoch mehr Aktien. Dadurch wird ein günstigerer Kaufpreis erzielt als beim Erwerb einer gleich großen Zahl von Aktien pro Monat.

Der Börsenspekulant Warren Buffett bekam aufgrund seiner manchmal etwas rätselhaften Aussagen den Spitznamen 'Die Sphinx von Omaha'. Auf die Frage nach dem günstigsten Zeitpunkt für Aktienkäufe gibt er allerdings eine klare Antwort. Nach seiner Einschätzung begehen die meisten Aktionäre den Fehler, sich zu sehr vom Steigen und Fallen der Aktienkurse beeinflussen zu lassen:

"Sie fühlen sich gut, wenn ihre Aktie steigt und schlecht, wenn sie fällt. Ich fühle mich gut, wenn der Kurs meiner Aktien nach unten geht, weil ich dann noch mehr kaufen kann."

Da er fest davon überzeugt ist, dass die von ihm unter Anwendung der Valuestrategie ausgewählten Aktien langfristig steigen werden, nutzt er die Gelegenheit fallender Kurse, um diese Aktien mehrmals auf immer niedrigerem Kursniveau nachzukaufen, wobei er jedes Mal ein Limit setzt, um den günstigen Kaufkurs sicher zu stellen. Auf diese Weise erzielt er einen niedrigen durchschnittlichen Kaufpreis.

Günstig ist es auch, wenn du eine Aktie kurz vor der Dividendenausschüttung kaufst. 'Dividende' nennt man den Teil des Gewinns, welchen ein Unternehmen an seine Aktionäre ausschüttet. Die Berechnung der Dividendenrendite ist sehr einfach: Dividendenrendite in % = Dividende : Aktienkurs x 100. Die Dividendenauszahlung erfolgt am Tag nach der Hauptversammlung. Jeder Aktionär, welcher eine Aktie am Tag der Hauptversammlung in seinem Depot hat, kommt in den Genuss ihrer Dividende. Am Tag nach der Dividendenausschüttung sinkt der Aktienkurs um einen der Dividende entsprechenden Betrag.

Ich möchte dir nun die wichtigsten ursächlichen Faktoren für die Entwicklung der Aktienkurse erklären.

Der Aktienkurs wird durch das Verhältnis von Angebot und Nachfrage bestimmt. Eine steigende Nachfrage hat eine positive, eine sinkende Nachfrage eine negative Wirkung auf den Aktienkurs. Hierbei spielt die wirtschaftliche Konjunktur eine Hauptrolle. Diese verläuft wellenförmig: Konjunkturaufschwung, Hochkonjunktur, Konjunkturabschwung und wirtschaftliche Rezession.

In den Phasen von Konjunkturaufschwung und Hochkonjunktur können die Anleger aufgrund ihres steigenden Einkommens mehr Aktien kaufen; die Aktienkurse steigen. In den Phasen von Konjunkturabschwung und Rezession können die Anleger weniger Geld für Aktien ausgeben; die Aktienkurse sinken.

Ein wichtiger ursächlicher Faktor für steigende Kurse ist ein sinkender Ölpreis. Da die Anleger weniger Geld für Energiekosten (Benzin, Heizöl) ausgeben müssen, können sie mehr Aktien kaufen.

Ein wichtiger ursächlicher Faktor für fallende Kurse ist ein Zinsanstieg der festverzinslichen Wertpapiere. Die Anleger kaufen in diesem Fall mehr festverzinsliche Wertpapiere, haben daher weniger finanzielle Mittel für Aktienkäufe.

Du hast nun das kleine Einmaleins der Börse gelernt. Wie leicht es ist, mit Aktien viel Geld zu verdienen, ergibt sich aus der Tatsache, dass du außer diesem kleinen Einmaleins nur noch die Kenntnis der drei erfolgreichsten Aktienstrategien benötigst, um das für die Australienreise erforderliche Geld zu verdienen. Diese Strategien werde ich dir in meinem nächsten Brief vorstellen.

Da sich Laura über die Anekdoten meines letzten Briefes gefreut hat, will ich auch dir zum Schluss zwei Anekdoten erzählen:

Der Sohn des Börsenmaklers Lustig fragt seinen Vater:

"Du redest ständig von 'Hausse' und 'Baisse'. Was ist das eigentlich?"

"Das will ich dir an Beispielen erklären, mein Sohn. 'Hausse' - das bedeutet Luxuslimousine, Champagner und flotte Frauen. 'Baisse' - das bedeutet Untergrundbahn, Coca - Cola und deine Mutter."

"Kannst du mir auch erklären, weshalb die Armen den Ärmsten helfen, der Reiche aber den Armen nicht sieht?"

"Tritt ans Fenster. Was siehst du?"

"Ich sehe einen alten Bettler am Straßenrand ."

"Stell dich jetzt hier vor den Spiegel. Was siehst du?"

"Was soll ich schon sehen, natürlich nur mich selbst."

"Siehst du, so ist es. Das Fenster ist aus Glas. Der Spiegel ist aus Glas. Kaum legst du ein wenig Silber hinter die Oberfläche, schon siehst du nur noch dich selbst."

Die drei besten Aktienstrategien

Liebe Anne,
der Kabarettist Herbert Bonnewitz hatte bei einer Prunksitzung des Mainzer Karnevals einen großen Heiterkeitserfolg mit seinem Satz:
"Gnädige Frau, wo lassen Sie denken?"
Bezüglich der Aktienspekulation solltest du keine Hemmungen haben, die Börsenprofis der Banken für dich denken zu lassen. Es ist besser, mit ihrer Hilfe große Gewinne zu machen, als selbst mit weniger Erfolg an der Börse zu spekulieren. Ich werde dir anschließend die drei besten Aktienstrategien vorstellen, damit du weißt, auf welche Weise deine zukünftigen Börsengewinne entstehen. Die mit einem erheblichen Zeit- und Arbeitsaufwand verbundene Aktienauswahl unter Berücksichtigung der drei besten Strategien kannst du getrost den Börsenspezialisten der Banken überlassen.
Die von Benjamin Graham entwickelte 'Valuestrategie' beruht auf folgender Überlegung:
Wenn der Börsenwert einer Aktie niedriger ist als ihr wirklicher Wert, wird diese Aktie mittelfristig aufgrund der von den Anlegern entdeckten Unterbewertung zunehmend gekauft, wodurch ihr Kurs steigt. Wegen der bereits vorhandenen Unterbewertung ist das Risiko eines Kursverlustes bei Valueaktien geringer als bei Aktien, deren Börsenwert dem wirklichen Wert entspricht beziehungsweise

über dem wirklichen Wert liegt. Valueaktien haben also eine gute Kurschance und gleichzeitig ein geringes Kursverlustrisiko.

Folgende Kennzahlen eines Unternehmens geben einen Hinweis auf die Unterbewertung einer Aktie:

1. Niedriges Kurs-Gewinn-Verhältnis (KGV). Je niedriger das KGV, desto preisgünstiger ist die Aktie. Den KGV Wert erhält man, indem der Aktienkurs durch den Gewinn dividiert wird. Ob ein KGV als niedrig einzustufen ist ergibt sich aus folgender Formel: 100 dividiert durch den Zinssatz langjähriger Bundesanleihen. Bei einem Zinssatz von 5 % wird also ein KGV unter 20 als niedrig eingestuft.

2. Eine hohe Dividendenrendite.

3. Tiefe Kurs / Cashflows.

4. Ein niedriges Kurs-Buchwert-Verhältnis.

Die Ermittlung des wirklichen Wertes einer Aktie ist mit einem beträchtlichen Arbeits- und Zeitaufwand verbunden. Warren Buffett beschäftigt einen großen Mitarbeiterstab mit dieser schwierigen Aufgabe.

Ich empfehle dir daher, ein 'Valuestrategie - Zertifikat' zu kaufen. Du findest die Zertifikate in Börsenzeitschriften. Die Aktien eines solchen Zertifikats werden von Anlagespezialisten einer Großbank unter Berücksichtigung der Valuekriterien ausgewählt. Das 'Value select Indexzertifikat' der DZ Bank erzielte vom 19.12. 2005 bis zum 19.12. 2006 eine Rendite von 37% und lag damit 15% über der durchschnittlichen Rendite aller DAX Aktien.

Die von Benjamin Graham entwickelte 'Dividendenstrategie' beruht auf folgender Überlegung: Da sich die Gesamtrendite einer Aktie aus dem Kursgewinn und der Dividende zusammensetzt, müssen Aktien, die eine hohe Dividende ausschütten, auch eine überdurchschnittliche Gesamtrendite haben. Man unterscheidet bei der Dividendenstrategie zwei Varianten:

1. Die Top 10 Strategie.

Sie besteht darin, jeweils am Beginn des Jahres die 10 Aktien eines Index mit der höchsten Dividendenrendite zu kaufen und dann 1 Jahr lang im Depot zu lassen.

2. Die Low 5 Strategie.

Dabei werden von den 10 Aktien mit der höchsten Dividendenrendite nur die 5 Aktien mit dem niedrigsten Kurswert gekauft und für ein Jahr im Depot gehalten.

Die 10 dividendenstärksten Aktien aus dem DAX erbrachten im Zeitraum 1974 - 1995 eine durchschnittliche Jahresrendite von 15 % und lagen damit 7 % über der durchschnittlichen Rendite aller DAX Aktien.

Die Low 5 Strategie erbrachte von 1982 - 1996 eine durchschnittliche Jahresrendite von 20 % und übertraf damit den Kursanstieg des DAX um 8 %.

Die 10 dividendenstärksten Aktien des Dow Jones

Index erbrachten von 1976 bis 1996 eine durchschnittliche Jahresrendite von 17 %. Die Low 5 Strategie erzielte im gleichen Zeitraum eine Rendite von 20 %. Beide Strategien übertrafen die durchschnittliche Jahresrendite aller US - Aktien, welche bei 11 % lag.

Die jährliche Berechnung der Dividendenrendite aller DAX Aktien kannst du dir sparen, indem du ein 'Dividendenstrategie - Zertifikat' kaufst. Das 'DAX Top 10 Zertifikat' der Deutschen Bank ist vom 19. 12. 2005 bis zum 19. 12. 2006 um 30 % gestiegen und übertraf damit den Kursanstieg des DAX um 8 %.

Das Prinzip der 'Momentumstrategie' besteht darin, Aktien zu kaufen, die bereits einen Aufwärtstrend ausgebildet haben. Diesen Aufwärtstrend erkennt man daran, dass der Aktienkurs in den letzten sechs Monaten überdurchschnittlich gestiegen ist. Die Strategie basiert auf folgender Überlegung:

Entwickelte sich der Kurs einer Aktie in der Vergangenheit überdurchschnittlich gut, setzt sich diese Kursentwicklung mit hoher Wahrscheinlichkeit in nächster Zukunft fort. Hat eine Aktie erst einmal Fahrt aufgenommen, ist sie nicht mehr so schnell zu bremsen. Anleger, die auf den fahrenden Zug springen, machen den Kurs zu einem 'Selbstläufer'. Diese Eigendynamik einer Aktie wird als 'Momentum' bezeichnet.

Der Börsenanalytiker Robert Levy entwickelte eine

einfache Methode, Aktien mit einer überdurch-
schnittlichen Kursentwicklung herauszufinden:

Man berechnet für alle Aktien eines Index den durchschnittlichen Wochenschlusskurs der letzten 26 Wochen. Danach dividiert man den aktuellen Wochenschlusskurs durch den errechneten Durchschnittskurs. Hierbei erhält man eine Zahl, die über 1 liegt, wenn der aktuelle Kurs über dem Durchschnittskurs liegt beziehungsweise unter 1, wenn er darunter liegt. Diese Zahl wird als 'Relative Stärke nach Levy' (RSL) bezeichnet.

Die 'Momentumstrategie' kann bei jedem Index eingesetzt werden. Bei der Anwendung auf den DAX Index wird eine Rangliste aller DAX Aktien entsprechend den RSL Werten aufgestellt. Die 10 Aktien mit dem höchsten RSL Wert werden gekauft und für ein Jahr im Depot gehalten.

Die Effektivität dieser 'Momentumstrategie' wurde durch Berechnungen der Universität Mannheim bewiesen: Mit der RSL Methode können Renditen erzielt werden, die bis zu 10 % über der Durchschnittsrendite des Index liegen. Damit bestätigt diese Methode den alten Spruch britischer Börsenspekulanten:

'The trend is your friend.'

Ich empfehle dir den Kauf eines 'Momentumstrategie-Zertifikats'. Der Kurswert des 'MDAX Momentum Select - Zertifikats' der DZ-Bank stieg vom 19.12 . 2005 bis zum 21.11. 2006 um 31 %

und lag damit 8 % über der durchschnittlichen Kurssteigerung aller MDAX Aktien.

Die Durchschnittsrendite der 3 von mir empfohlenen Aktienstrategie-Zertifikate beträgt 32,6 %. Die Deutschen erzielten von 1991 bis 2004 eine durchschnittliche, jährliche Realrendite von 2,1 %, die Amerikaner aufgrund der höheren Aktionärsquote eine Rendite von 3,6 % und damit durch den Zinseszinseffekt einen 30 % höheren Gewinn.

Zum Schluss erzähle ich dir einige Anekdoten über Frau Pollak von Parnegg:

Bei der Premiere des 'Parzival' in der Wiener Hofoper trifft sich alles, was Rang und Namen hat, natürlich auch das Ehepaar Pollak von Parnegg. Nach der Oper fährt das Ehepaar zusammen mit anderen Premierebesuchern in ein Parkrestaurant am Stadtrand, um die warme Sommernacht zu genießen. Herr Pollak bestellt die exquisitesten Leckerbissen. Seine Frau sagt zärtlich:

"Du bist aber heute ein großer Gurnemanz."
Der neben ihr sitzende Herr stellt sich vor:

"Frau Baronin, ich bin Kommerzienrat Prochaska. Mein Name ist tschechisch und bedeutet Spaziergang."
Nach dem Dessert blinzelt Frau Pollak ihrem Nachbarn zu und sagt:

"Kommen Sie mit mir in den Park, Herr Kommerzienrat, machen wir zusammen einen kleinen Prochaska."

Einen Monat später reist die Baronin mit ihrer Tochter Leonore nach Paris. Im Hotel angekommen, fällt Leonore, der die lange Fahrt schlecht bekommen ist, halb ohnmächtig auf das Bett. Frau Pollak lässt das Zimmermädchen kommen. Dieses ruft beim Anblick der blassen Tochter:

"Oh, toute malade."

Das heißt auf deutsch 'Oh, ganz krank', auf böhmisch - deutsch jedoch: 'tut ma lad - tut mir leid.'

Darauf die Baronin:

"Dass Sie eine Böhmin sind, ist ja schön. Dass meine Tochter Ihnen leid tut, auch. Aber sagen Sie mir: Was heißt Oh dö Kolonje auf französisch?"

Einige Wochen nach ihrer Rückkehr von Paris ist ihr geliebter 'Gurnemanz' eines Tages plötzlich verschwunden. Man sucht ihn im Büro, bei allen Freunden, Bekannten und Verwandten, jedoch vergeblich: er ist und bleibt unauffindbar. Da Frau Pollak die Erfahrung gemacht hat, dass ihr die besten Ideen stets im Bett einfallen, beschließt sie, sich in letzteres zu legen, um noch einmal gründlich nachzudenken, wo ihr Mann sein könnte. Im Schlafzimmer sieht sie plötzlich unter dem Bett einen schwarzen Schuh und als sie sich bückt, das bleiche Gesicht ihres toten Mannes. Sie läutet dem Stubenmädchen und sagt ziemlich verärgert:

"Sehen Sie, Lena, *so* räumen Sie auf!"

Liebe Laura,

ich freue mich, dich nach dem erfolgreichen Börsendebüt von Anne, mit dem sie ihre Australienreise finanzieren konnte, im Club der Aktionäre begrüßen zu dürfen. Bevor du in die Börsenspekulation einsteigst, muss ich dich vor den häufigsten Fehlern warnen, die von den Aktionären gemacht werden. Ich habe dir in meinem letzten Brief das Sicherheitsnetz der 7 goldenen Regeln vorgestellt. Diese werden leider von den meisten Aktionären nicht beachtet.

Bei einer boomenden Börse tendieren die Börsianer zu einer Übergewichtung des Aktienanteils in ihrem Wertpapierdepot. Dies geschieht entweder aus Unwissenheit, da ihnen die Formel 'Aktienanteil in % = 100 minus Lebensalter' nicht bekannt ist oder unter bewusster Missachtung dieser Formel.

Bei einer boomenden Börse besteht auch die Neigung, das gesamte verfügbare Kapital für Aktienkäufe einzusetzen. Dabei werden eventuelle, unvorhersehbare Ausgaben (z. Bsp. Haus - Wohnungs- Autoreparaturen) nicht berücksichtigt, für die dann gegebenenfalls das erforderliche Geld fehlt.

Eine häufige Börsenfalle sind 'todsichere' Geheimtipps. Hier besteht die Gefahr, dass andere Aktien verkauft werden, um möglichst viel Kapital auf die eine Karte des todsicheren Geheimtipps setzen zu können. Wenn sich die Geheimtipp-Aktie als Flop erweist, bedeutet dies einen erheblichen Verlust für den Anleger.

Nur wenige Aktionäre schichten ihre Aktiengewinne in festverzinsliche Wertpapiere um. Sie lassen sich von der drohenden Renditeverminderung bei einer Umschichtung in festverzinsliche Wertpapiere abschrecken, ohne jedoch zu begreifen, dass diese Renditekürzung der unumgängliche Preis für die Sicherstellung ihrer Aktiengewinne ist.

Die antizyklische Strategie besteht darin, bei sinkenden Kursen zu kaufen und bei steigenden Kursen zu verkaufen. Da der Börsianer dem Herdentrieb folgt, fällt es ihm schwer, bei steigenden Kursen zu verkaufen. Wenn alle kaufen, weshalb sollte er dann gegen den Strom schwimmen und verkaufen?

Es gibt jedoch ein Verhalten, das ihm noch viel schwerer fällt: eine Aktie zu verkaufen, deren Kurs unter den Kaufpreis gefallen ist. Dies bedeutet nämlich das Eingeständnis, dass der Aktienkauf ein Fehler war. Da niemand gern eingesteht, einen Fehler begangen zu haben, legt sich der Börsianer verschiedene Argumente zurecht, um die Aktie nicht verkaufen zu müssen, zum Beispiel:

'Die Börse hat sich geirrt und wird diesen Irrtum wieder korrigieren.' Im Regelfall hat sich nicht die

Börse geirrt sondern der Spekulant. Ein weiteres Argument: 'Es handelt sich um eine vorübergehhende Kursschwäche, die schon bald wieder durch einen Kursanstieg ausgeglichen wird.' Da es bei einem sinkenden Aktienkurs manchmal auch zu leichten Kurserholungen kommt, wird die Hoffnung auf einen Verlustausgleich durch diese leichten Kurserholungen immer wieder aufs neue geweckt. So sinkt der Aktienkurs, von immer neuen Hoffnungen des Börsianers auf einen Verlustausgleich begleitet, auf immer neue Tiefstände. Ein weiteres Argument: 'Solange ich die Aktie nicht verkaufe, handelt es sich nur um einen Buchverlust auf dem Papier. Erst durch den Verkauf wird aus dem Buchverlust ein realer Verlust.'

Wer eine unter den Kaufkurs gefallene Aktie nicht verkauft, fügt sich einen doppelten Schaden zu: Erstens durch den Kursverlust dieser Aktie und zweitens durch den entgangenen Gewinn, welchen er gemacht hätte, wenn er die Aktie frühzeitig verkauft und in eine gewinnbringende Aktie umgeschichtet hätte.

Wenn eine Aktie 10 - 15 % unter den Kaufkurs fällt, empfehle ich dir, die Aktie zu verkaufen. Wie schwer dies ist, beschreibt Altmeister Kostolany in seinem Buch 'Geld, das große Abenteuer':

'Das Schwierigste ist, an der Börse einen Verlust resignierend hinzunehmen. Es ist ein chirurgischer Eingriff. Man muss den Arm amputieren, bevor sich die Vergiftung ausbreitet, je früher desto besser. Dies ist schwer und unter 100 Menschen gibt es nur einen, der imstande ist, so zu handeln.'

Da du mit hoher Wahrscheinlichkeit nicht zu den Menschen gehörst, welche die Kraft haben, eine solche Amputation durchzuführen, empfehle ich dir, deiner Bank einen Stopp - Limit - Auftrag zu erteilen. Dies bedeutet einerseits, dass die Aktie von der Bank automatisch verkauft wird, wenn sie unter den von dir festgesetzten Verkaufskurs fällt und andererseits, dass der Verkauf nur erfolgt, wenn der Kurs über einem von dir angegebenen Limit liegt. Durch eine solche Stopp - Limit - Order kannst du dich vor größeren Verlusten schützen beziehungsweise einen bereits erzielten Buchgewinn absichern.

Du siehst, wie schwer es dem Börsianer fällt, eine unter den Kaufkurs gesunkene Aktie zu verkaufen. Es gibt jedoch ein Verhalten, das ihm noch viel schwerer fällt: sinkende Aktien zu kaufen. Nur wenige haben die psychische Kraft, zu kaufen, wenn die 'Kanonen donnern' d.h. wenn sich der gesamte Aktienmarkt im Sturzflug befindet. Auch hier erweist sich der Herdentrieb als größtes Hindernis. Wenn der Ruf "Feuer" ertönt und alle Aktionäre zum Börsenausgang stürzen muss man schon die stahlharten Nerven eines Warren Buffett haben, um in der Börse zu bleiben und die von den 'zittrigen Händen' in panischer Angst auf den

Markt geworfenen Aktien zu einem Spottpreis aufzukaufen. Bei Panikverkäufen kommt es zu einer Übertreibung der Kursverluste, die anschliessend von der Börse durch eine Kurserholung korrigiert wird. Die 'starken Hände' kassieren diese Kurserholung als Gewinn.

Altmeister Kostolany beschreibt das Auf und Ab an der Börse folgendermaßen:

Die Börsenprofis ('starke Hände') kaufen ihre Aktien bei einem Börsencrash zu Tiefstpreisen. Der auf den Crash folgende Börsenboom lockt zunehmend Amateure ('zittrige Hände') an die Börse. Diesen Amateuren verkaufen die Börsenprofis ihre Aktien während der Hausse zu Höchstpreisen. Der auf die Hausse folgende Börsencrash versetzt die Amateure in Panik. Sie verkaufen ihre Aktien, die sie zu Höchstpreisen bei den Börsenprofis gekauft haben, wieder an die 'starken Hände', diesmal jedoch zu Tiefstpreisen. Danach beginnt das Spiel von vorn, bei dem die Amateure immer verlieren, indem sie die Gewinne der Profis bezahlen, welche stets die Profiteure sind.

Abschließend erzähle ich dir die Geschichte eines Mannes, dem die Panik der Aktionäre zu seinem größten Börsencoup verhalf. Er war ein Spross jener legendären Gelddynastie, welche die Ehrentitel 'Könige der Bankiers' und 'Bankiers der Könige' erhielt. Nathan Rothschild kaufte an der Börse in London Kriegsanleihen, mit denen der

Kampf Englands gegen Napoleon finanziert wurde. Am 18. Juni 1815 kam es bei Waterloo zur Entscheidungsschlacht zwischen den Truppen Napoleons und den Heeren der Verbündeten England und Preußen. Man weiß bis heute nicht, wie es Rothschild gelungen ist, als erster die Nachricht vom Sieg der Engländer und Preußen zu erfahren. Nach einer Anekdote hat er Brieftauben eingesetzt, die von einem belgischen Agenten mit der Siegesnachricht zu ihm geschickt wurden. Er fuhr sofort zur Börse und verkaufte mit einem zutiefst deprimierten Gesichtsausdruck eine große Zahl der englischen Kriegsanleihen. Von Panik ergriffen folgten die Börsianer seinem Beispiel und stießen ihre Kriegsanleihen ab, deren Kurs innerhalb von Stunden in den Keller stürzte. Dort wurden sie von Strohmännern des Bankiers aufgekauft. Wenige Stunden später führte die Nachricht von der Niederlage Napoleons zu einem Kursfeuerwerk an der Londoner Börse. Größter Gewinner des Tages war Nathan Rothschild, dem die Panik der Börsianer den stattlichen Gewinn von 1 Million Pfund beschert hatte.

Liebe Anne,
ich habe Laura immer wieder empfohlen, Aktiengewinne in sichere Anlageformen umzuschichten. Du stellst nun in deinem Brief die Frage, welche Anlageformen als sichere Kapitalanlagen gelten. Meine Antwort möchte ich durch eine kurze Geschichte einleiten:
Im Juni 1974 kam es zum größten Bankkonkurs der Nachkriegsgeschichte. Infolge von Devisenspekulationen hatte die Herstatt Bank, eine angesehene Kölner Privatbank, Verluste in Höhe von 500 Millionen DM gemacht. Das Eigenkapital der Bank betrug nur 77 Millionen DM. Am 26. Juni 1974 ordnete das Bundesaufsichtsamt für das Kreditwesen die Schließung der Bank an. Am nächsten Tag kam es vor dem Bankhaus zu Tumulten der empörten Kunden, die einen Polizeischutz des Gebäudes erforderlich machten.
Aufgrund dieses Konkurses gründeten die deutschen Banken verschiedene Einlagensicherungsfonds zum Schutz der Spareinlagen ihrer Kunden. Bei Banken, die einem Einlagensicherungsfonds angehören, zahlt dieser Fonds den Kunden im Fall eines Bankkonkurses die gesamten Spareinlagen zurück. Da für die Banken keine Pflicht besteht, Mitglied eines Einlagensicherungsfonds zu werden, gibt es

auch Banken, die keinem dieser 'Feuerwehrfonds' angehören. Bei diesen Banken tritt im Fall eines Konkurses die gesetzliche Entschädigung ein:
Der Kunde erhält 90 % seiner Spareinlagen zurück, maximal jedoch 20 000 €. Darüber hinausgehende Einlagen sind für den Anleger verloren. Wer seiner Bank einen höheren Betrag anvertraut hat, sollte sich im Internet (unter www.bankenverband.de) erkundigen, ob sie Mitglied in einem Einlagensicherungsfonds ist.
Die in einem Depot befindlichen, als 'Sondervermögen' geführten Wertpapiere fallen bei einer Bankinsolvenz nicht unter die Konkursmasse. Der Kunde kann diese Wertpapiere schriftlich bei seiner Bank anfordern oder auf eine andere Bank übertragen lassen.
Als sichere Kapitalanlagen empfehle ich dir 3 Anlageformen: festverzinsliche Wertpapiere, Rentenfonds und offene Immobilienfonds.
Die Sicherheit von festverzinslichen Wertpapieren wird durch Rating - Agenturen benotet. Du solltest nur solche Wertpapiere kaufen, die von Standard & Poor's die Höchstnote AAA oder von Moody's Investors Service die Bestnote Aaa erhalten haben. Ein Vorteil dieser Wertpapiere ist ihre zuverlässige Kalkulierbarkeit. Du erhältst jährlich einen festen Zinsbetrag und bekommst am Ende der Laufzeit das eingesetzte Kapital mit Sicherheit zurück.
Ihre Liquidität d.h. die kurzfristige Verfügbarkeit ist

gut, da die Papiere an der Börse gehandelt und dort jederzeit verkauft werden können.

Du hast die Möglichkeit, die Rendite durch Kursgewinne zu steigern, indem du ein Papier zu einem Kurs unter 100 % kaufst und dann bis zum Termin der hundertprozentigen Rückzahlung im Depot lässt oder indem du es während der Laufzeit nach einem starken Kursanstieg verkaufst. Es gibt einen guten Grund, die Rendite der festverzinslichen Wertpapiere durch Kursgewinne zu verbessern:

In Deutschland ist die Umlaufrendite d.h. die durchschnittliche Rendite aller im Umlauf befindlichen festverzinslichen Wertpapiere von 9 % im Jahr 1990 auf ein historisches Tief von 3 % im Juni 2005 gesunken.

Wenn du Rentenfonds bei der Fondgesellschaft kaufst, musst du einen Ausgabeaufschlag bezahlen. Diese Gebühr wird vom Anlagekapital abgezogen. Der Rest wird angelegt. Beim Kauf über die Börse musst du keinen Ausgabeaufschlag bezahlen. Die beim Kauf über die Börse entstehenden Kosten sind im Regelfall niedriger als der Ausgabeaufschlag. Du solltest nur Rentenfonds kaufen, die von Standard & Poor's mit 5 oder 4 Sternen bewertet wurden.

Bei offenen Immobilienfonds wird das Kapital meistens in Büro- und Einkaufszentren investiert. Wenn du Anteilscheine direkt bei der Fondsgesellschaft kaufst, musst du einen Ausgabeaufschlag bezahlen. Beim Kauf über die Börse muss dieser Ausgabeaufschlag nicht bezahlt werden. Die beim Kauf über die Börse entstehenden Kosten sind im Regelfall niedriger als der Ausgabeaufschlag.

Die Rendite der offenen Immobilienfonds beruht einerseits auf den Wertsteigerungen ihrer Immobilien, die den Kurs der Anteilscheine erhöhen, andererseits auf den Gewinnen aus Mieteinnahmen, Zinserträgen und Immobilienverkäufen, die einmal jährlich an die Anleger ausgeschüttet werden.

In Anbetracht des niedrigen Sparerfreibetrags sind Immobilienfonds vorteilhaft, da ein Teil ihrer Ausschüttung steuerfrei ist und zwar um so mehr, je größer der Anteil ausländischer Immobilien ist, deren Ertrag nicht in Deutschland versteuert wird.

Die Anteilscheine müssen von der Fondsgesellschaft zurückgenommen werden. In Ausnahmefällen kann sie jedoch die Rücknahme vorübergehend aussetzen.

Im Gegensatz zu festverzinslichen Wertpapieren und Rentenfonds, bei denen es zu starken Kursverlusten kommen kann, zeichnen sich Immobilienfonds durch ihre geringen Verlustrisiken und Wertschwankungen aus. Du solltest nur Immobilienfonds kaufen, die von Standard & Poor's mit 5 oder 4 Sternen bewertet wurden.

Zum Schluss noch zwei humorvolle Anekdoten:

Hans fährt mit seinem Freund Kurt im Zug nach Schmutzhausen. Um die Fahrtzeit zu verkürzen erzählt er pausenlos Witze über Korff. Schließlich wird es Kurt zu viel:

"Erzähl doch endlich mal was anderes, nicht immer bloß von Korff."

"Also gut. Die Frau von Korff bekommt ein Kind …"

"Ich habe doch gesagt, *nicht* von Korff!"

"Ja, eben."

Da sie im gleichen Gasthof wohnen, nehmen sie das Abendessen gemeinsam ein. Als der Kellner mit der Speisekarte kommt, sagt Kurt:

"Ich brauche die Speisekarte nicht. Bringen Sie mir bitte die Tomatensuppe, dann einen gemischten Salat, danach den Schweinebraten und zuletzt das Erdbeerdessert."

Der Kellner überrascht:

"Oh, Sie kennen unser Tagesmenü ja auswendig."

"Wieso auswendig? Ich sehe doch das Tischtuch."

Hans bestellt einen Fisch. Als der Wirt an den Tisch kommt, flüstert er dem Fisch etwas zu. Der Wirt schüttelt den Kopf:

"Was flüstern Sie denn Ihrem Fisch zu?"

"Ich habe ihn nach Neuigkeiten aus dem Fluss gefragt."

"Und was hat er geantwortet?"

"Er hat gesagt, er weiß keine Neuigkeiten, weil er schon sehr lange hier im Restaurant ist."

Um 6 Uhr früh poltert der Wirt gegen die Tür.

"Um Gottes willen", ruft Hans, nachdem er einen Blick auf die Uhr geworfen hat. "Ich wollte doch erst um 8 Uhr geweckt werden."

"Ich weiß", sagt der Wirt, "aber einer unserer Gäste will frühstücken."

"Was geht das mich an", brummt Hans.

"Sie liegen auf unserem einzigen Tischtuch."

*

In Rothenburg ob der Tauber kündigt der Nachtwächter mit seiner Trompete die Mitternachtsstunde an. Danach zieht er sich in das Zimmer des Wachtturms zurück, legt seine Trompete auf den Tisch, setzt sich auf einen Stuhl und döst mit geschlossenen Augen vor sich hin. Als er einmal kurz blinzelt, sieht er einen Lichtschein. Er schließt die Augen sofort wieder, um gründlich nachzudenken:

Es möcht vielleicht der Mondschein gewesen sein? Nicht möglich, es ist Neumond.

Es möcht vielleicht der Schein meiner Lampe gewesen sein? Nicht möglich, ich habe die Lampe vor einer viertel Stunde gelöscht.

Es möcht vielleicht die Laterne auf dem Marktplatz gewesen sein? Nicht möglich, sie wurde vor einer halben Stunde gelöscht.

Es möcht vielleicht das Licht eines Sterns gewesen sein? Nicht möglich, es gießt seit fünf Minuten aus vollen Kübeln.'

"Feuer!"

Liebe Anne, liebe Laura,
da ich von Anne erfuhr, dass ihr meine 'Börsen-briefe' ausgetauscht habt, schicke ich diesen letzten Brief an beide Adressen.
Wenn ihr meinen Empfehlungen gefolgt seid, liegen in eurem Wertpapierdepot inzwischen vier Wertpapiergruppen:
Aktienstrategie-Zertifikate, festverzinsliche Wertpapiere, Immobilienfonds und Rentenfonds. Damit entspricht euer Depot der Forderung des Nobelpreisträgers Harry Markowitz. Seine Theorie lautet: durch eine Mischung verschiedener Anlageformen kann eine deutliche Verbesserung des Verhältnisses von Rendite und Risiko erreicht werden.
Von der guten Rendite ihrer Aktienstrategie-Zertifikate hat Laura ja inzwischen profitiert, indem sie ihr neues Modellkleid in Paris mit Aktiengewinnen bezahlte. Die generöse Dame Börse hat euch erhebliche Gewinne beschert, welche ihr mit geringem Zeitaufwand durch die Depotbetreuung noch steigern könnt. Diese erfordert folgende drei Aufgaben:
1. Überwachung. 2. Gewichtung der Wertpapiergruppen und 3. Gelegentliche Umschichtungen.
Die Depotüberwachung erfolgt durch die Anlage eines Blattes für jede Gruppe mit folgenden Daten:

Name, ISIN Nummer, Stückzahl, Kaufkurs, aktueller Börsenkurs beziehungsweise Rücknahmekurs der Fondsgesellschaft, Gewinn/Verlust (in %) und Anteil der Wertpapiergruppe am Depotgesamtwert (in %).

Die Gewichtung der Wertpapiergruppen hängt von der persönlichen Einstellung ab. Von Anne weiß ich, dass sie großen Wert auf den Gewinn legt. Sie benötigt daher ein 'ertragsorientiertes Depot':

Nach einer Statistik des Bundesverbands Investment und Asset Management e.V. erwirtschafteten Rentenfonds im Zeitraum von 30 Jahren eine jährliche Durchschnittsrendite von 6,7 %; offene Immobilienfonds nur 5,6 %. Im November 2006 lag die durchschnittliche Rendite aller festverzinslichen Wertpapiere bei 3,7 %. Die Rendite des Depots kann also unter den obigen Konditionen durch folgende Gewichtung erhöht werden:

Größter Anteil: Rentenfonds, zweitgrößter Anteil: offene Immobilienfonds, geringster Anteil: festverzinsliche Wertpapiere.

Laura legt großen Wert auf die Sicherheit, seit sie ein Buch über den 'Schwarzen Freitag' gelesen hat. Sie benötigt daher ein 'sicherheitsorientiertes Depot':

Aufgrund der sicheren jährlichen Zinszahlung und ihrer sicheren Rückzahlung sollten festverzinsliche Wertpapiere mit erstklassiger Bonität (AAA oder

Aaa) übergewichtet werden gegenüber offenen Immobilienfonds und Rentenfonds, bei denen die Rücknahme der Anteilscheine durch die Fondsgesellschaft vorübergehend ausgesetzt werden kann. Da Immobilienfonds ihr Kapital in wertbeständige, inflationsgeschützte Sachwerte investieren, sollten sie im Vergleich zu Rentenfonds übergewichtet sein. Die Sicherheit des Depots kann also durch folgende Gewichtung erhöht werden:
Größter Anteil: festverzinsliche Wertpapiere, zweitgrößter Anteil: offene Immobilienfonds, geringster Anteil: Rentenfonds.
Wenn jemand großen Wert auf die kurzfristige, verlustlose Verfügbarkeit seiner Geldanlagen legt, benötigt er ein 'liquiditätsorientiertes Depot':
Die Wertsteigerung der offenen Immobilienfonds amortisiert die beim Kauf an der Börse anfallenden Kosten in kurzer Zeit; danach können sie ohne Verlust verkauft werden. Deshalb sollten sie übergewichtet werden gegenüber festverzinslichen Wertpapieren und Rentenfonds, die eine schlechtere Liquidität besitzen, da sie bei einem Kursabfall nur mit Verlust verkauft werden können. Aufgrund ihrer gleich hohen, jährlichen Zinszahlungen haben festverzinsliche Wertpapiere eine bessere Liquidität als Rentenfonds, bei denen die jährlichen Ausschüttungen unterschiedlich hoch sind.
Die Depotliquidität kann daher durch folgende Gewichtung erhöht werden:

Größter Anteil: offene Immobilienfonds, zweitgrößter Anteil: festverzinsliche Wertpapiere, kleinster Anteil: Rentenfonds.

Wenn der Aktienanteil des Depots das durch die Formel 'Aktienanteil in % = 100 minus Lebensalter' festgelegte Limit überschritten hat, muss man Aktien in andere Wertpapiere umschichten.

Zum Schluss erzähle ich euch einige Anekdoten über den Berliner Bankier Carl Fürstenberg. Er wurde berühmt durch seine geistreichen Bonmots.

Nach der Revolution von 1918 kam der Hausmeiser Max Maier, den Fürstenberg stets nur mit 'Maier' ansprach, zu ihm und erklärte, von jetzt an habe er ihn mit 'Herr Maier' anzureden.

"Sehr gern, Herr Maier", entgegnete Fürstenberg, "aber mich reden Sie bitte in Zukunft nur noch mit 'Fürstenberg' an. Ein Unterschied muss ja schließlich sein."

Am Montag nach dem 'Schwarzen Freitag' von 1929 fuhr der Bankier von Berlin zur Frankfurter Börse.

Als er das Gebäude betrat, fragte ihn ein Mann:

"Entschuldigung, wo ist hier die Toilette?"

Fürstenberg, in der denkbar schlechtesten Stimmung wegen der hohen Kursverluste am 'Schwarzen Freitag', brummte:

"In der Börse gibt's keine Toiletten. Hier bescheißt einer den andern."

Als er ins Büro eines Börsenmaklers trat, meinte

dieser mit bekümmerter Miene:

"Der Dow-Jones-Index ist heute morgen bereits bis 260 gefallen. Wenn das so weiter geht, müssen wir noch alle betteln gehen."

"Schon möglich, ich frage mich nur, bei wem?"
Der berühmte Regisseur Max Reinhardt war ein Barockmensch, welcher das luxuriöse Leben in einer unnachahmlichen Weise inszenierte. Sein bei Salzburg liegendes Schloss Leopoldskron bildete die prachtvolle Kulisse der von ihm zelebrierten Galaempfänge. Zu einem davon war auch Fürstenberg eingeladen. Auf dem Weg durch den Schlosspark begegnete er dem Wiener Theaterkritiker Liebstöckl. Auf der Schlosstreppe hörten die beiden hinter sich einen Wagen vorfahren. Ein Diener in Livree öffnete die Tür des Mercedes, dem die Gattin des deutschen Finanzministers entstieg, mit einem sehr tiefen, jedoch enttäuschenden Dekolleté. Fürstenberg sagte:

"Sie erinnert mich an ihren Mann. Der kommt auch immer zu mir mit seinem ungedeckten Defizit."
Vor dem prächtigen Schlossportal stand der Regisseur, mit feierlicher Miene, flankiert von zehn Dienern in weiß-roten Uniformen, die Fackeln trugen. Der Theaterkritiker begrüßte ihn, wies mit der Hand auf die Fackeln und sagte:

"Kurzschluss?"

Literatur

Buffett, Warren: Die Essays von Warren
                        Buffett: Das Buch für
                        Investoren, München,
                        Finanzbuch-Verlag
                        2006

Graham, Benjamin: So wurde ich zum
                        Lehrmeister der Wall
                        Street, Rosenheim,
                        TM-Börsenverlag
                        1999

Graham, Benjamin: Intelligent investie-
                        ren: der Bestseller
                        über die richtige An-
                        lagestrategie, Mün-
                        chen, Finanzbuch-
                        verlag 2005

Kostolany, André: Geld das große
                        Abenteuer: Auf-
                        zeichnungen eines
                        Börsianers, Kulm-
                        bach, Börsen-Medien
                        AG 2000

Internetadressen

www.anlageschutzarchiv.de

www.boerse-frankfurt.com

www.boerse-online.de

www.boerse-online.de/aktien-analyser

www.dai.de

www.finanztest.de

www.finanztreff.de

www.gelon.de

www.onvista.de

www.wallstreet-online.de